安徽省地方标准

皖北地区公路小型构造物地基承载力测试技术规程

Technical Specification for Testing of Subsoil Bearing Capacity of Highway Small Structure in Northern Anhui Province

DB34/T 2324—2015

主编单位:安徽省交通投资集团有限责任公司
中国科学院武汉岩土力学研究所
安徽省交通规划设计研究总院股份有限公司
批准部门:安徽省质量技术监督局
实施日期:2015 年 04 月 27 日

人民交通出版社股份有限公司

图书在版编目(CIP)数据

皖北地区公路小型构造物地基承载力测试技术规程:DB34/T 2324—2015 / 安徽省交通投资集团有限责任公司,中国科学院武汉岩土力学研究所,安徽省交通规划设计研究总院股份有限公司主编. —北京:人民交通出版社股份有限公司,2015.7

ISBN 978-7-114-12381-8

Ⅰ.①皖… Ⅱ.①安… ②中… ③安… Ⅲ.①道路工程—小型构造—地基承载力—测试技术—技术规范—皖北地区 Ⅳ.①U416.1-65

中国版本图书馆 CIP 数据核字(2015)第 161029 号

标准类型: **安徽省地方标准**
标准名称: **皖北地区公路小型构造物地基承载力测试技术规程**
标准编号: DB34/T 2324—2015
主编单位: 安徽省交通投资集团有限责任公司
中国科学院武汉岩土力学研究所
安徽省交通规划设计研究总院股份有限公司
责任编辑: 李 农
出版发行: 人民交通出版社股份有限公司
地　　址: (100011)北京市朝阳区安定门外外馆斜街 3 号
网　　址: http://www.ccpress.com.cn
销售电话: (010)59757973
总 经 销: 人民交通出版社股份有限公司发行部
经　　销: 各地新华书店
印　　刷: 北京市密东印刷有限公司
开　　本: 880×1230 1/16
印　　张: 1.25
字　　数: 35 千
版　　次: 2015 年 7 月 第 1 版
印　　次: 2015 年 7 月 第 1 次印刷
书　　号: ISBN 978-7-114-12381-8
定　　价: 20.00 元
(有印刷、装订质量问题的图书,由本公司负责调换)

目　　次

前　　言

本标准按照 GB/T 1.1—2009 给出的规则编写。

本标准由安徽省交通投资集团有限责任公司提出。

本标准归口安徽省交通运输厅。

起草单位:安徽省交通投资集团有限责任公司、中国科学院武汉岩土力学研究所、安徽省交通规划设计研究总院股份有限公司。

起草人:郑建中、陈善雄、余飞、李小红、罗红明、戴张俊、王文刚、薛峰、刘永松、杨牧盘、曹皓。

皖北地区公路小型构造物地基承载力测试技术规程

1 范围

本标准规定了皖北地区公路小型构造物地基承载力测试(以下简称测试)的要求、原位测试试验、地基承载力评价。

本标准适用于皖北地区公路小型构造物,其他地区可参照执行。

2 规范性引用文件

下列文件对于本文件的应用是必不可少的。凡是注日期的引用文件,仅注日期的版本适用于本文件。凡是不注日期的引用文件,其最新版本(包括所有的修改单)适用于本文件。

GB 50007 建筑地基基础设计规范

GB 50021 岩土工程勘察规范 (2009 年局部修订)

GB/T 50123 土工试验方法标准

GB 50202 建筑地基基础工程施工质量验收规范

JTG C20 公路工程地质勘察规范

JTG D63 公路桥涵地基与基础设计规范

JTG E40 公路土工试验规程

TB 10018 铁路工程地质原位测试规程

3 术语和定义

下列术语和定义适用于本文件。

3.1

地基 subgrade,foundation soil,subsoil

支承基础的土体或岩体。

3.2

天然地基 natural subgrade,natural foundation

具有足够的承载力,不需要经过人工加固,可以直接在其上建造基础的天然土层或岩石层。

3.3

复合地基 composite foundation

部分土体被增加或被置换,形成的由地基土和增强体共同承担荷载的人工地基。

3.4

小型构造物 small structure

路基上下的混凝土等构造物。

注:如涵洞、通道、挡墙等。

3.5

地基承载力特征值 characteristic value of subsoil bearing capacity

由载荷试验测定的地基土压力变形曲线线性变形内规定的变形所对应的压力值,其最大值为比例界限值。

3.6

地基极限承载力　ultimate bearing capacity

地基进入破坏状态之前所能承受的最大压力。

注：又称极限荷载强度。

3.7

新近沉积土　recently sedimentary soil

沉积年代短(近500年内形成)、压缩性高、承载力低、均匀性差，在150kPa压力下变形敏感的全新世沉积土。

3.8

钙质结核　calcareous concretion

碳酸盐和土粒胶结形成的浑圆形或不规则形新生体。

3.9

原位测试　in-situ test

在地层或土体的原位应力状态和天然含水率保持不变、原生结构不受或少受扰动的条件下，直接或间接地测定岩、土体各种工程特性、参数的试验方法。

3.10

静力触探试验　cone penetration test(CPT)

通过静力将标准圆锥形探头匀速压入土中，根据测定触探头的贯入阻力，判定土的物理力学特性的一种原位试验方法。

3.11

螺旋板载荷试验　screw plate loading test(SPLT)

将规定螺距的单片螺旋形承压板(简称螺旋板)旋入地表下预定深度处，通过传力杆件向螺旋板逐级施加荷载，同时测记螺旋板沉降的试验方法。

3.12

动态平板载荷试验　dynamic plate loading test

通过一定质量的落锤由固定高度自由落下，经阻尼装置、承载板，对土体施加冲击荷载，使土体产生变形，测定反映土的动力特性指标的试验方法。

3.13

平板载荷试验　plate loading test(PLT)

在现场使用刚性承压板模拟建筑物基础，对天然地基或复合地基逐级施加荷载，直至地基出现破坏状态或接近破坏状态，同时测记在各级荷载下地基随时间而发生的沉降变形的试验方法。

4　符号

下列符号适用于本文件。

4.1　几何参数

b——承压板(螺旋板)直径或边宽；

z——承压板(螺旋板)埋深；

r——圆形刚性荷载板半径，即 $r = 150$mm。

4.2　岩土的力学指标

E_0——变形模量；

p_u——地基极限承载力；
f_0——地基承载力特征值；
$f_{0螺旋}$——由螺旋板载荷试验确定的地基承载力特征值；
E_{vd}——动态变形模量。

4.3 岩土的测试参数

P——施加于地基的竖向压力荷载；
S——实测沉降量；
f_s——双桥探头的侧壁摩阻力；
p_s——单桥探头的比贯入阻力；
q_c——双桥探头的锥尖阻力；
α——摩阻比；
K_p——单桥探头率定系数；
K_q——双桥探头的锥尖阻力率定系数；
K_f——双桥探头的侧壁摩阻力率定系数；
ε_p——单桥探头的比贯入阻力应变量；
ε_q——双桥探头的锥尖阻力应变量；
ε_f——双桥探头的侧壁摩阻力应变量；
ε_0——触探头的初始读数或零读数应变量；
P_0——土层原位上覆压力；
P_F——临塑压力；
p_L——极限压力；
I_1——螺旋板埋深 z 的修正系数；
I_2——与泊松比有关的修正系数；
ω——螺旋板形状系数，可取 0.79；
S_F——对应于临塑压力 P_F 的沉降；
σ——荷载板下的最大动应力，它是通过在刚性基础上，由最大冲击力 $F_s = 7.07\text{kN}$ 且冲击时间 $t = 18\text{ms}$ 时标定所得的，$\sigma = 0.1\text{MPa}$。

5 要求

5.1 基本要求

5.1.1 小型构造物地基应进行承载力测试。

5.1.2 测试应由建设单位或其他单位委托具备相应资质的单位对公路小型构造物地基承载力实施测试。

5.1.3 测试前测试单位应向委托单位及相关单位提交公路小型构造物地基承载力测试方案。

5.1.4 测试应综合考虑公路设计等级、地质条件、设计要求、各测试方法的特点及适用范围等因素，选择两种或多种测试方法。

5.1.5 测试所用仪器设备应经检定合格。

5.1.6 测试应符合国家有关标准和本标准。

5.2 测试流程

5.2.1 应按图 1 的流程进行测试。

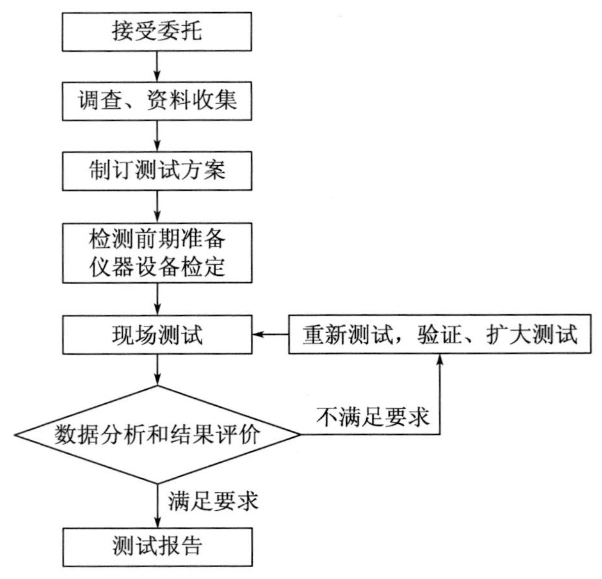

图1　测试流程

5.2.2　测试的调查和资料收集应包括下列内容：

a)　收集被测试工程的岩土工程勘察资料、设计及施工资料；

b)　委托方的具体要求；

c)　测试场地环境。

5.2.3　测试单位应根据调查结果和测试要求，制订测试方案。

测试方案应包括以下内容：工程概况、设计要求、测试依据、测试方法、抽样方案、测试数量、测试点布置、数据分析处理方法及所需的仪器设备等。

5.2.4　测试前应对仪器设备进行检查调试。

5.2.5　现场测试期间，应执行国家有关安全生产的规定和本标准的要求。当现场操作环境不符合仪器设备使用要求时，应采取有效的防护措施。

5.3　测试方法

可选择静力触探试验、螺旋板载荷试验、动态平板载荷试验和平板载荷试验等方法。

注1：土层结构复杂多变的区域，或设计勘察资料较少时，应采用静力触探和螺旋板载荷试验组合方法。

注2：地基土层结构相对单一，区域性变化小，或设计勘察资料较详尽时，应采用静力触探和动态平板载荷试验组合方法。

5.4　测试点布置及数量

5.4.1　测试点的位置应由设计单位按以下原则确定：

a)　一般情况下应在整个小型构造物基础范围内均匀布置测试点；

b)　当地质条件变化较大时，应在地质条件较差地段布置测试点；

c)　应在荷载较大或变形敏感部位布置测试点。

5.4.2　测试深度应由设计单位确定，平板载荷试验、动态平板载荷试验应在基础底面进行测试，静力触探试验、螺旋板载荷试验应符合表1的要求，根据不同岩土类别测试到基础底面以下一定深度处。当遇有软弱下卧层时，测试深度应适当加深，且应穿过软弱下卧层。

表1 测试深度

岩土类别	含钙质结核的黏性土、粉土	砂土	粉土、黏性土
测试深度(m)	3～6	4～8	5～10

注1:表列测试深度以小型构造物基础底面为基准面;
注2:当地基条件简单时,表中数值取小值,反之取大值。

5.4.3 测试数量应由设计单位确定,并应符合表2的要求。

表2 测试数量

涵洞类型	盖板涵	箱涵	挡墙及其他
测试点数量(点)	2点/100m^2,且总数不应少于3点	2点/50m^2,且总数不应少于3点	2点/80m^2,且总数不应少于3点

注1:表中所列测试点数量以连续测试面进行计算,分离式基础应分别予以核算;
注2:一般情况下可按表2确定;当选用组合方法时,可按5.4.4规定执行。

5.4.4 采用组合测试方法时,测试数量应满足以下条件:

a) 静力触探和螺旋板载荷试验组合方法测试地基承载力,静力触探测试点不应少于3点,螺旋板载荷试验测试点不应少于3点;

b) 静力触探和动态平板载荷试验组合方法测试地基承载力,静力触探测试点不应少于3点,动态平板载荷试验测试点不应少于6点。

5.5 验证与扩大测试

5.5.1 在地质条件复杂地段,应选择1～2个构造物进行验证测试。验证测试应采用平板载荷试验,测试点数量不应少于3点。

5.5.2 当测试取得地基承载力差异大于30%时,应进行扩大测试。扩大测试可采用原抽检用测试方法或平板载荷试验,扩大测试点不应少于3点。

5.6 测试结果与测试报告

5.6.1 静力触探试验、动态平板载荷试验、螺旋板载荷试验应给出每个测试点的测试指标值和相关试验曲线,并结合比对试验所建立的经验关系,计算不同土层的地基承载力特征值。

5.6.2 平板载荷试验应给出每个测试点的荷载—沉降曲线等和地基承载力特征值。

5.6.3 测试报告应包含以下内容:

a) 委托方名称,工程名称、工程地点,建设单位、勘察单位、设计单位、监理单位、施工单位,基础类型,设计要求,测试目的,测试依据,测试数量,测试日期;

b) 主要岩土层结构及其物理力学指标等相关资料;

c) 测试点编号、位置;

d) 测试方法、主要测试仪器设备、测试过程描述;

e) 测试数据,实测与计算分析图表和测试数据汇总结果;

f) 测试结论与建议。

6 原位测试试验

6.1 平板载荷试验

按 GB 50021 执行。

6.2 静力触探试验

按 GB 50021 执行。

6.3 螺旋板载荷试验

按 GB 50021 执行。

6.4 动态平板载荷试验

6.4.1 一般规定

6.4.1.1 动态平板载荷试验适用于粒径不大于荷载板直径 1/4 的各类土,测试有效深度范围 400mm ~ 500mm。

6.4.1.2 动态平板载荷试验可提供地基土动态变形模量指标,反映地基土承载能力。

6.4.2 设备要求

6.4.2.1 动态平板载荷测试仪由加载装置、荷载板和沉陷测定仪组成。

6.4.2.2 仪器在每次试验前应按使用说明书进行校验,且应每年重新标定一次。

6.4.3 试验步骤

6.4.3.1 场地环境条件及试验准备工作应包括以下几个步骤:

a) 测试面宜水平,其倾斜度不大于5°;

b) 测试面应平整无坑洞。应使荷载板与测试面良好接触,若粗粒土或混合料造成表面凹凸不平,可用少量细中砂补平;

c) 导向杆应保持垂直;

d) 每次试验前应检查仪器标明的落距;

e) 试验时测点应远离振源。

6.4.3.2 荷载板应放置在平整好的测试面上,安装上导向杆并保持其垂直。

6.4.3.3 应将落锤提升至挂(脱)钩装置上挂住,然后使落锤脱钩并自由落下,当落锤弹回后应将其抓住并挂在挂(脱)钩装置上。按此操作应进行 3 次预冲击。

6.4.3.4 正式测试时按 6.4.3.3 的操作方法进行 3 次冲击测试,作为正式测试记录。测试时应避免荷载板的移动和跳跃。

6.4.3.5 测试时,应记录每个测点的工作名称、测试部位、试验时间、土的种类、含水率以及相关的参数。

6.4.4 动态变形模量计算

a) 动态变形模量应按下式计算:

$$E_{vd} = 1.5 \times r \times \sigma / S \tag{1}$$

b) 动态变形模量可采用式(2)简化公式计算:

$$E_{vd} = 22.5/S \tag{2}$$

6.5 快速测试组合方法

6.5.1 一般规定

6.5.1.1 静力触探和螺旋板载荷试验组合方法适用于皖北地区土层结构复杂多变的区域，或设计勘察资料较少时。

6.5.1.2 静力触探和动态平板载荷试验组合方法适用于皖北地区地基土层结构相对单一，区域性变化小，或设计勘察资料较详尽时。

6.5.2 螺旋板的选用

6.5.2.1 在一般性黏土、粉质黏土、粉土和粉砂土层中试验时，螺旋板的面积宜采用 $200cm^2$。

6.5.2.2 在钙质结核含量高的硬质土层、密实砂中试验时，螺旋板的面积宜采用 $100cm^2$。

6.5.2.3 在软土、淤泥质土中试验时，螺旋板的面积宜采用 $500cm^2$。

6.5.3 静力触探与螺旋板载荷试验组合测试法

6.5.3.1 静力触探、螺旋板载荷试验宜在小型构造物地基开挖前进行。

6.5.3.2 现场测试前，收集待测试小型构造物的设计资料及所在区域的地质勘察资料。

6.5.3.3 按本标准 5.4，确定测试点数量和点位，现场测量待检点位的地面高程，结合设计资料，计算小型构造物基础底面高程，确定测试孔深度。

6.5.3.4 按本标准 6.2 进行静力触探试验，并根据静力触探试验曲线，结合区域性地质资料，进行土层划分和土性鉴别。

6.5.3.5 螺旋板载荷试验孔距离静力触探孔 1m，根据静力触探揭示的土层剖面，确定螺旋板载荷试验点的测点深度，要求对基础底面以下各土层分别进行测试。

6.5.3.6 螺旋板载荷试验时，以千斤顶加压，控制螺旋形承压板以一定的速率匀速沉降，要求沉降速率控制在 0.4mm/min ~ 1mm/min，每下沉 0.25mm ~ 0.5mm 测读压力一次，直至土层破坏为止。

6.5.4 静力触探与动态平板载荷试验组合测试法

6.5.4.1 静力触探采用非开挖测试法，动态平板载荷试验在小型构造物基坑开挖后进行，也可以在人工开挖的探槽中进行。

6.5.4.2 现场测试前，收集待测试小型构造物的设计资料及所在区域的地质勘察资料。

6.5.4.3 按本标准 5.4 确定测试点数量和点位。

6.5.4.4 按本标准 6.2 的要求进行静力触探试验，并根据静力触探试验曲线，结合区域性地质资料进行土层划分和土性鉴别。

6.5.4.5 小型构造物基坑开挖后，立即进行动态平板载荷试验，按本标准 5.3 的有关要求进行试验。

6.5.5 资料整理与计算

6.5.5.1 静力触探与螺旋板载荷试验组合测试法资料整理与计算应符合以下规定：

a) 静力触探试验资料整理与计算按本标准 6.2 要求执行；

b) 同一土层的静力触探指标，可用各测试孔的同一土层的静力触探指标，用厚度加权平均法计算得出该层贯入指标平均值和变异系数；

c) 螺旋板载荷试验资料整理与计算按本标准 6.3 要求执行。

6.5.5.2 静力触探与动态平板载荷试验组合测试法应符合以下规定：

a） 静力触探试验资料整理与计算按本标准6.2要求执行；

b） 动态平板载荷试验资料整理与计算按本标准6.4要求执行。

7 地基承载力评价

7.1 一般规定

7.1.1 采用本标准所列某一种测试方法确定同一深度土层的地基承载力特征值，应符合以下规定：

a） 地基承载力特征值极差不大于其平均值的30%时，取此平均值作为该土层的地基承载力特征值；

b） 地基承载力特征值极差大于其平均值的30%时，应进行扩大测试。扩大测试采用原测试方法，并按下述方法取值：

1）若全部测试结果极差不大于其平均值的30%，则取全部测试结果平均值作为该土层的地基承载力特征值；

2）若全部测试结果极差仍大于其平均值的30%，则去掉测试结果最大值，取剩余测试结果平均值作为该土层的地基承载力特征值。

7.1.2 当有地区经验时，可按当地经验公式确定地基承载力特征值。

7.2 静力触探试验确定承载力

7.2.1 当根据单桥探头静力触探试验确定地基承载力特征值时，如无对比试验资料和地区经验关系，应按下式确定。皖北地区浅表层土层比贯入阻力和地基承载力范围可查表3取值。

黏性土：

$$f_0 = 81.85p_s + 29.70 \qquad (0.5 < p_s < 3.5) \tag{3}$$

粉土：

$$f_0 = 37.52p_s + 53.76 \qquad (2 < p_s < 6) \tag{4}$$

粉砂：

$$f_0 = 24.607p_s + 33.2 \qquad (7 < p_s < 13) \tag{5}$$

表3 皖北地区浅表层土层比贯入阻力和地基承载力

土　质	比贯入阻力 p_s（MPa）	地基承载力特征值 f_0 范围（kPa）
Q_4^{al}一般黏性土	0.5～1.0	80～120
Q_4^{al}黏性土（含钙质结核）	1.3～2.5	136～235
Q_4^{al}粉土	1.5～4.0	110～200
Q_4^{al}粉砂	6.0～12.0	160～300

7.2.2 当根据双桥探头静力触探试验确定地基承载力特征值时，如无对比试验资料和地区经验关系，应按下式确定：

黏性土：

$$f_0 = 90q_c + 29.70 \qquad (0.4 < q_c < 3) \tag{6}$$

粉土：

$$f_0 = 41.27q_c + 53.76 \qquad (1.8 < q_c < 5.4) \tag{7}$$

粉砂：

$$f_0 = 27q_c + 33.2 \qquad (6.3 < q_c < 11.8) \tag{8}$$

7.3 螺旋板载荷试验确定承载力

7.3.1 当根据等应变法(快法)螺旋板载荷试验确定地基承载力时,如无对比试验资料和地区经验关系,应按下式确定地基承载力特征值及变形模量:

$$f_0 = 0.973 f_{0螺旋} + 10.58 \tag{9}$$

$$E_0 = 0.081 f_{0螺旋} - 4.89 \tag{10}$$

7.3.2 当根据等应力法(慢法)螺旋板载荷试验确定地基承载力时,应开展对比试验,确定相关关系或经验公式后,可用于公路小型构造物地基承载力测试。

7.4 动态平板载荷试验确定承载力

当根据动态平板载荷试验确定地基承载力时,如无对比试验资料和地区经验关系,应按下式确定地基承载力特征值:

$$f_0 = 7.8108 E_{vd} + 58.704 \qquad (2.5 < E_{vd} < 50) \tag{11}$$

7.5 地基承载力综合评价

7.5.1 对于同一土层,采用两种或两种以上测试方法得到的地基土承载力特征值极差不大于其平均值的30%时,取平均值作为该土层的地基承载力特征值。

7.5.2 对于同一土层,采用两种或两种以上测试方法得到的地基土承载力特征值极差大于其平均值的30%时,应采用平板载荷试验进行扩大测试,并按下述方式进行取值:

a) 若平板载荷试验结果极差不大于其平均值的30%,取平板载荷试验值作为该土层的地基承载力特征值;

b) 若平板载荷试验结果极差大于其平均值的30%,则去掉平板载荷试验结果最大值,取剩余平板载荷试验结果的平均值作为该土层的地基承载力特征值。

7.5.3 应结合原位试验取得的各指标值随深度的分布规律,综合评价测试深度内公路小型构造物各土层地基承载力。

7.5.4 在取得大量测试数据和试验资料的情况下,宜采用神经网络、遗传算法、专家系统等智能方法对地基承载力进行综合评价。

附　录　A
（资料性附录）
条　文　说　明

A.1　范围

安徽省皖北地区（淮河以北）被多次黄河南泛和淮河泛滥堆积物所覆盖，沉积多以过渡形式存在，地质条件复杂多变，地基承载力变化较大，小型构造物地基易发生较大的沉降和不均匀沉降，导致小型构造物开裂、错台、跳车等病害。因此，小型构造物地基承载力测试工作是整个公路工程中不可缺少的重要环节，同时原有的标准规范难以满足安徽皖北地区公路建设的需要。本标准总结和吸收了安徽省皖北地区高速公路小型构造物地基承载力快速评定方法研究成果，提出了皖北地区公路小型构造物地基承载力快速测试与评价方法，做到测试工作快速准确、适用可靠，技术先进、经济合理，确保工程质量，这是制定本标准的宗旨和指导思想。

本标准的制定是以皖北地区大量的试验研究成果为基础的，主要适用于皖北地区公路小型构造物地基承载力测试；对于其他地区和其他行业，本标准基本规定和原位测试方法可借鉴采用，但地基承载力评价需开展区域性对比试验。

A.2　要求

5.1　基本要求

5.1.1　由于设计阶段的勘察孔空间跨度较大，而皖北地区地质条件复杂多变，大量呈点状分布的小型构造物地基承载力可能存在较大的差异。因此，为了保证工程质量和安全，皖北地区公路工程中所有小型构造物地基承载力均须进行测试。

5.1.3　测试方案是公路小型构造物地基承载力测试的关键，因此测试单位应综合考虑区域地质特点、设计要求、测试方法适用性等方面因素，制订合理的测试方案，测试方案应具有针对性和可操作性，确保测试结果准确可靠。

5.1.4　各种测试方法在可靠性和经济性方面存在不同程度的局限性，为保证地质复杂区域测试结果的可靠性，采用两种或两种以上的测试方法是必要的。

5.2　测试流程

5.2.2　根据目前的惯例，测试单位需事先了解被测试工程的概况，进行资料收集和分析。

5.2.3　测试单位作为技术服务方，应该编制测试方案，由建设（监理）单位对测试方案的实施进行监督。测试方案应包含以下内容：工程概况、测试方法及其所依据的规范标准、抽检方案（数量）、时间进度等，及所需的机械设备和人工配置。同时还应明确需要委托方配合的现场场地平整、道路修筑、现场环境、供水供电等事宜的技术要求。在实际测试过程中，由于不可预知的原因，如委托要求的变化、事前调查情况与实际不符，或在现场测试尚未完毕就已发现质量问题而需要进一步排查等，都可能使原测试方案中的测试数量、位置、测试方法等发生变化。测试方案不是一成不变的，允许根据实际情况动态调整。

5.3　测试方法

本标准给出了皖北地区公路小型构造物地基承载力测试方法及其适用范围，为设计提供依据的测试、鉴定测试可参照执行。

5.4 测试点布置及数量

5.4.1 为准确确定小型构造物地基承载力,测试点的布置宜根据设计要求、地质条件,合理选择有代表性的测试点。

5.4.2 公路沿线小型构造物数量较多,构造物设置部位地质条件不尽相同,应根据现场地质条件,路基填筑高度等确定测试点的深度。构造物基础一般采用浅基础,测试深度可综合考虑基础的埋深及受压层的厚度等确定。表1列出的测试深度为一般地质条件下构造物测试深度参考值,可供实际工程中参考使用。

地基条件(简单、较复杂和复杂)的划分按照《公路工程地质勘察规范》(JTG C20—2001)第4.1.3条进行。

5.4.3 由于测试成本和周期问题,测试数量不可能无限制增加。测试数量应根据设计要求确定,在无设计资料时,可根据涵洞类型,确定单一测试放大的测试数量,测试深度应同时满足设计要求。

5.5 验证与扩大测试

5.5.1 公路小型构造物的地质条件可根据《公路工程地质勘察规范》(JTG C20—2011)第3.1.3条的规定进行划分。对于地质条件复杂地段,应选择平板载荷试验对快速测试组合方法得到的测试结果进行验证。

5.5.2 测试的地基承载力差异包括单一测试方法得到同一土层的地基承载力差异和多种测试方法得到同一土层地基承载力差异两种情况,均需要进行扩大测试。

5.6 测试结果与测试报告

5.6.1 由于土体自身的复杂性和地区差异性,原位测试指标与地基承载力的经验关系都是依据一定地区或特定土性的比对试验资料建立的,具体是指静力触探、动态平板载荷、螺旋板载荷等原位测试方法与平板载荷的对比试验。本标准给出的经验关系主要是依据了皖北地区大量的对比试验所建立的,在其他地区或其他工程使用时,需要开展类似对比试验,建立相应的经验公式方可应用。

5.6.3 本条仅规定了对测试报告的共性要求。

A.3 原位测试试验

6.4 动态平板载荷试验

6.4.1 动态平板载荷试验是采用圆形承载板测定地基在落锤冲击荷载作用下的沉陷值,以此计算地基的动态变形模量 E_{vd}指标。

动态平板载荷试验的影响深度范围,是通过在土体中不同深度埋设土压力盒,测试落锤冲击能力沿土层深度方向消耗衰减的程度来确定的;试验结果表明,落锤冲击能量的大部分(约70%)消耗在400mm的土层内。因此可以得出落锤的有效影响深度约400mm~500mm。

6.4.3 仪器要求导向杆与荷载板保持垂直,要求测试面与承载板地面完全密贴,在实测中,可以用少量中细砂补平。为了防止承载板振动时将垫层的细砂喷出,也可以用潮湿的细砂。

6.5 快速测试组合方法

6.5.1 针对皖北地区特有的地质特征,考虑小型结构地基测试的实际需求,建议采用两种或两种以上的组合方法进行测试,以保证地基测试的可靠性、经济性和高效性,并针对不同地质情况,采用不同的测试方法组合。

1） 静力触探与快速螺旋板载荷试验组合测试法

该组合方法主要适用于相关地质资料较少，地层分布不清晰或土质变化大的成层地基。

采用静力触探试验详细了解地基土层力学性能沿深度的变化特征，可以充分揭示地基土体组成结构，包括薄层、夹层等分布情况。在此基础上，确定螺旋板载荷试验的点位，采用螺旋板载荷试验，得到基础附加应力影响深度范围内各土层以及下卧层承载力指标值，综合确定地基的整体承载能力。

静力触探试验建议采用手摇式静探仪，螺旋板载荷试验建议采用等应变法进行试验，所需设备简单，操作方便，测试速度快。试验工点的实践表明，该组合方法具有较好的可靠性。

2） 静力触探与动态平板载荷 E_{vd}试验组合测试法

该方法主要适用于地质条件变化较小、地层相对单一，勘察资料较详尽的区域，尤其适用于含钙质结核土层，以及基槽已开挖好的地基测试。

采用静力触探试验详细了解地基土层力学性能沿深度的变化特征，采用动态变形模量 E_{vd}试验得到地基土层动态力学特性和变形指标。

A.4 地基承载力评价

7.1 一般规定

7.1.1 岩土参数的标准差可以作为参数离散性的尺度，但由于标准差是有量纲的指标，不能用于参数离散性的比较。为了评价岩土参数的变异特点，引入了变异系数 δ 的概念。变异系数是无量纲系数，使用上比较方便，在国际上是一个通用的指标，许多学者给出了不同国家、不同土类、不同指标的变异系数的经验值。在正确划分地质单元和标准试验方法的条件下，变异系数反映了岩土指标固有的变异性特征。《岩土工程勘察规范》（GB 50021—2001）（2009 年版）中给出了按参数变异性大小评价的标准，划分为很低、低、中等、高、很高五种变异性，按变异系数，将岩土参数随深度的变异特征划分为均一型（$\delta<0.3$）和剧变型（$\delta\geqslant0.3$）。对于公路小型构造物地基，涉及的面积不大，跨度也较小，各层的差异性较小，相对来说，各层的岩土参数较为均一，因此，对于公路小型构造物地基，同一原位测试得到的指标较为均一，从而得到的地基承载力也较为均一。其变异系数也应小于 0.3，可以用于判别原位测试方法的适宜性。

7.1.2 对于某些物理指标（如塑性指数）相似的土层，由于成因、结构不同，反映在土的计算参数上，也会产生较大的差异。可以说，没有一个公式是万能的，可以反映所有地区土层的力学属性。从这个意义上讲，地区经验就显得尤为重要。

7.2 静力触探试验确定承载力

7.2.1 由于静力触探测定的是土的力学性质，反映了土的力学强度，因此，可利用静力触探与土的承载力等力学指标建立相关关系。在确定地基承载力时建立的经验公式是将静力触探试验结果与载荷试验求得的比例界限值进行对比，并通过对对比数据的相关分析得到用于特定地区或特定土性的经验公式。

以皖北地区大量实测的试验数据和资料为基础，按土类分别建立静力触探值与地基承载力的相关关系式，如图 A.1 ~ 图 A.4 所示。对比其他地区的经验公式，本标准经验公式与以往经验公式有类似的变化规律：对于一般黏性土，地基承载力随静探值的变化较慢，相关线性公式的斜率较小，而粉土、粉砂地基承载力随静探值变化较快，相关线性公式的斜率较大。两者的差异性主要表现在斜率上，尤其是粉砂，但总体上变化幅度不大，表明本标准建立的皖北地区静力触探与地基承载力回归公式符合以往经验关系的规律性，可以作为经验公式估算皖北地区地基承载力。

收集了皖北地区大量实测资料（亳州、界首、太和、利辛、怀远、蒙城、宿州、濉溪、界阜蚌高速公路、蒙蚌高速公路、合徐高速公路）对本标准给出的经验公式进行检验。分析结果表明，采用本标准的经验公式计算的地基承载力与实测的地基承载力总体上较一致,相差多在10%以内。但在界首、太和和利辛区域出现了一定的偏差,计算值多较实测值小,而对于亳州、怀远、宿州、濉溪等区域,本标准所建立的经验公式具有较好的可靠性。

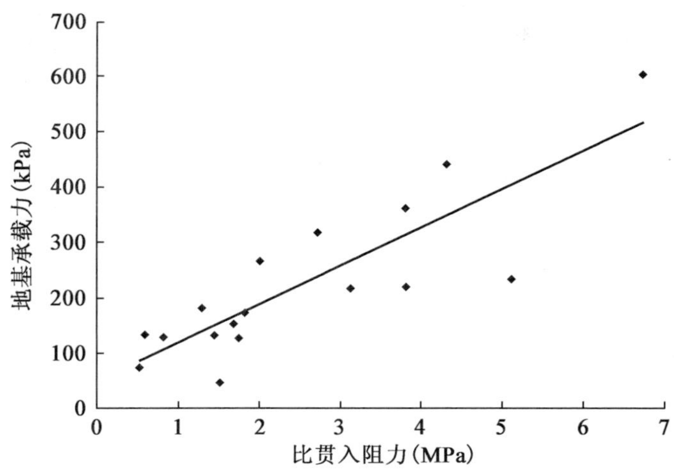

图A.1 黏性土比贯入阻力与地基承载力相关关系图

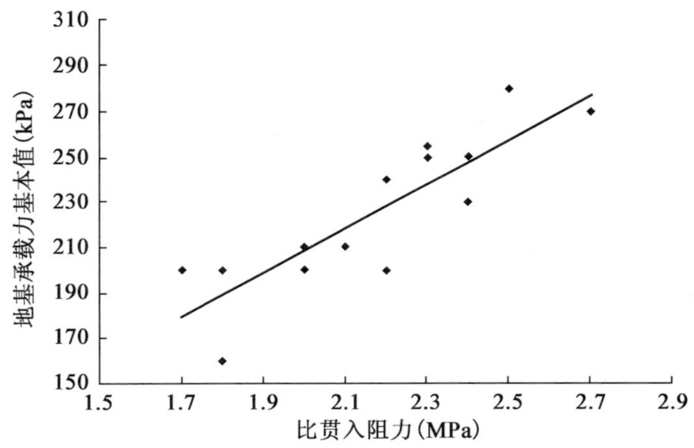

图A.2 皖北地区黏性土(含钙质结核)静触值与地基承载力相关关系图

7.2.2 针对皖北地区的地层结构以及土性,开展了原位静力触探测试。从测试结果来看,单桥探头的适用性较好,因而在泗许和徐明高速公路的小型构造物地基承载力测试中普遍使用了单桥静力触探。对于双桥探头的静力触探试验开展较少,积累的资料有限。有对比资料显示,在相同的地层中,P_s略大于q_c,二者的关系约为$P_s=1.1\sim1.3q_c$。在此情况下,可认为$P_s=1.1q_c$。这样做有一定的安全储备。因此,可以将皖北地区取得的单桥与地基承载力经验公式转化为双桥与地基承载力经验公式,在无地区经验时,可以参照执行。

7.3 螺旋板载荷试验确定承载力

7.3.1 螺旋板载荷试验确定的地基承载力与平板载荷试验确定的地基承载力具有较好的相关关系,如图A.5所示,且两者差异较小。对于皖北地区地质土体而言,螺旋板载荷试验测试数据虽然表现出一定的离散性,但总体上较好地反映了地基承载力特性,统计平均值与平板载荷试验确定的地基承载力差异较小。因此,可通过多点平行测试,利用本标准给出的经验公式可以较为准确地确定地基承载力和变形模量。

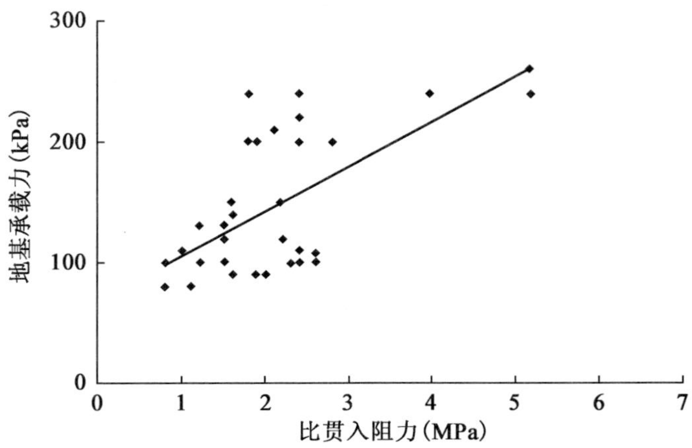

图 A.3 粉土比贯入阻力与地基承载力相关关系图

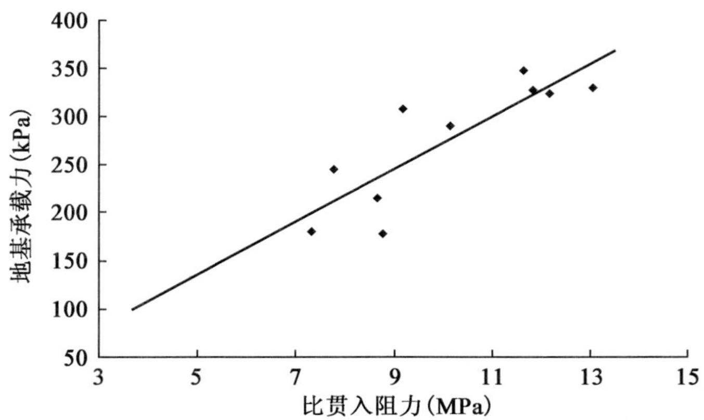

图 A.4 粉砂土比贯入阻力与地基承载力相关关系图

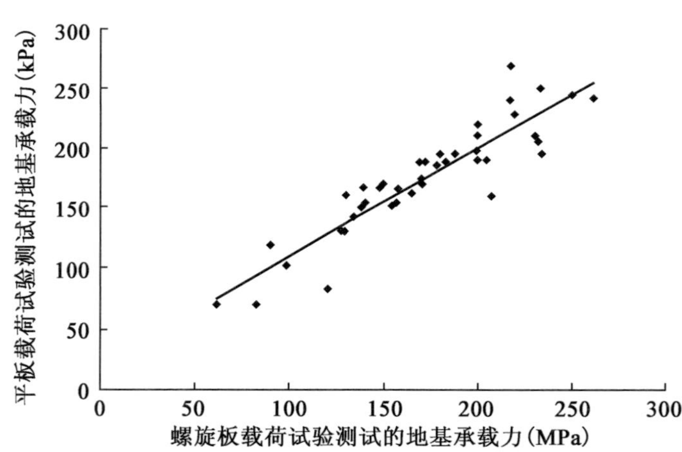

图 A.5 平板载荷与螺旋板载荷试验测试的地基承载力相关关系图

7.3.2 螺旋板载荷试验一般有两种方法，即等应力试验法和等应变试验法，两种不同方法得到的 *P-S* 曲线存在一定的差异。等应力控制法(常规慢法)侧得的 *P-S* 曲线，一般起始直线段较明显，拐点和破坏阶段可以鉴别，因此可以用拐点法来计算其地基承载力特征值；而等应变控制法(快法)测得的 *P-S* 曲线，多呈圆弧形，起始直线段和破坏陡降段均不明显，一般按相对沉降法或双曲线拟合法来确定地基承载力特征值。表 A.1 给出了两种方法对比试验的结果。

表 A.1 等应变控制法与等应力控制法对比试验结果表

试验区域	深度(m)	土性	加载方法	地基承载力特征值(kPa)	对应沉降量(mm)	地基极限承载力(kPa)	对应沉降量(mm)
灵璧县	2.5	粉质黏土	等应变法	221	1.36	788	6.78
			等应力法	245	0.33	800	2.48
	3.5	粉砂	等应变法	234	1.16	735	6.78
			等应力法	252	0.35	700	4.01

对比试验结果表明,采用等应变法和等应力法确定的地基承载力相差不大,偏差在10%左右。这主要是由于两者确定地基承载力的方法不同,等应变法是采用相对沉降量 $S/b=0.01\sim0.12$ 对应的压力值,当取较小的相对沉降量时,确定的承载力会相应偏小,但这对于工程是偏于安全的。而等应力法是采用比例极限来确定其承载力,相对而言较准确,因此,在采用应力法确定地基承载力时,需要开展对比试验,确定好相关关系,方可在工程中使用。

7.4 动态平板载荷试验确定承载力

7.4.1 动态平板载荷试验和平板载荷的对比试验研究表明,E_{vd} 与地基承载力特征值具有较好的相关性,如图 A.6 所示。给出的经验公式适用于皖北地区黏土、粉质黏土、粉土、粉砂、细砂等细粒土,尤其适用于含钙质结核的黏性土层。对于中粗砂、风化岩,由于承载板面积的局限性与土颗粒大小的不均匀性,地基承载力变化范围较大,经验公式仅可作理论上的估算。

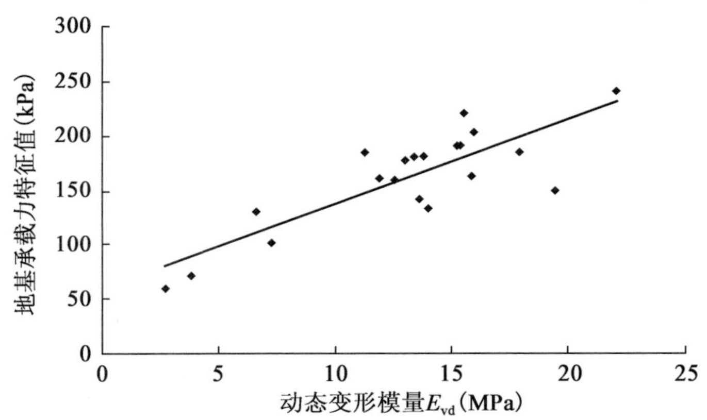

图 A.6 动态变形模量 E_{vd} 与地基承载力相关关系图

7.5 地基承载力综合评价

7.5.1~7.5.2 明确规定了不同测试方法得到的同一层地基土承载力特征值的选取原则。

7.5.4 在取得大量测试数据的基础上,构建智能预测模型(神经网络、遗传算法等),采用预测模型对小型构造物地基承载力进行评价,在实际工程中宜适当推广使用。